L'EUROPE

ET

LA GUERRE

PARIS

E. DENTU, LIBRAIRE-ÉDITEUR

PALAIS-ROYAL, 17 ET 19, GALERIE D'ORLÉANS

—

1875

L'EUROPE

ET

LA GUERRE

PARIS

IMPRIMERIE BALITOUT, QUESTROY ET Ce

7 rue Baillif et rue de Valois, 18.

L'EUROPE

ET

LA GUERRE

PARIS

E. DENTU, LIBRAIRE-ÉDITEUR

PALAIS-ROYAL, 17 ET 19, GALERIE D'ORLÉANS

1875

L'EUROPE

ET

LA GUERRE

La guerre de 1870, en détruisant le vieil équilibre européen, avait jeté un désarroi complet parmi les nations de l'Europe; toutes elles cherchaient leur voie, les alliances qui pouvaient les y mener.

Aussi, bien des rapprochements, bien des projets ont été tentés durant ces dernières années, et les plus puissants souverains ont échangé pour cela de fréquentes visites.

Mais, malgré tout le bruit fait autour d'elles, rien de durable n'a pu être ébauché ; il n'y avait là que des ententes éphémères, nouées à grand' peine et bientôt abandonnées, tâtonnements infructueux d'intérêts coalisés au hasard, sans raison.

Depuis peu seulement les Etats, remis de la secousse causée par l'ébranlement de l'ancienne Europe ont repris possession d'eux-mêmes et, revenus au sentiment juste de leurs destinées, ils cherchent à se grouper suivant leurs affinités, leurs intérêts.

L'on peut alors observer la marche de la politique et voir avec un peu de perspicacité le point où elle doit arriver dans un temps relativement court.

L'horizon va s'assombrissant chaque jour, et à moins d'un de ces événements tout à fait en dehors des prévisions humaines amenant une solution inespérée, la tempête amoncelée doit éclater furieuse.

C'est dans l'Asie centrale, vers les plateaux témoins autrefois des exploits d'Alexandre que se forme l'étincelle qui, malheureusement, mettra l'Europe en feu et peut-être changera l'économie actuelle du vieux monde.

La Russie marche à pas rapides et sûrs en Asie; déjà elle enserre de tous côtés la Chine entre ses griffes puissantes par ses établissements si considérables sur le fleuve Amour, par la Sibérie, par le Turkestan ; et ses nouvelles conquêtes qui lui ont permis d'occuper la vallée de Zariavchan-Daria, de pousser vers les parages de l'Amou-Daria, l'ancien Oxus, la mettent bien près de l'Inde, des pays placés sous le protectorat anglais.

Le commerce de **Kaboul**, d'Hérat sont presque entièrement aux mains des Russes en attendant que ces contrées y soient elles-mêmes.

L'Angleterre sent vivement le coup qui la menace ; aussi envoie-t-elle son futur roi se montrer, se faire connaître aux populations indiennes, pour resserrer, en vue d'événements graves, les liens de la métropole et de la colonie. Elle s'agite pour conserver libre la route de l'Inde, pour en avoir au besoin les clefs : l'Egypte et le canal de Suez.

Son premier pas dans cette voie est le rachat des 177,000 actions du khédive ; d'autres suivront, car elle veut et doit être maîtresse de l'Égypte et du canal : c'est la logique des choses.

Mais l'Angleterre, puissance maritime seulement, est incapable de protéger l'Inde contre les armées et l'influence du czar.

Pour détourner le coup mortel, c'est en Europe qu'il lui faut porter la guerre et avoir alors, sur le continent, un allié pouvant tenir tête à la Russie.

Cet allié naturel, c'est l'empire d'Allemagne, voisin trop fort et redouté de la Russie, dont il regarde avec convoitise les provinces Baltiques.

Placé dans un équilibre instable, mal limité du côté de la Russie, de l'Autriche, entouré d'ennemis, en proie de plus à des dissensions intestines entre les nationaux-libéraux et les particularistes, de jour en jour plus audacieux et plus forts ; l'empire d'Allemagne doit désirer, par une guerre heureuse, consolider sa situation, son unité, asseoir sa prépondérance définitive et indiscutable en Europe, d'autant qu'il pourrait ainsi diminuer des armements qui le ruinent.

Or, une seule nation fait aujourd'hui échec à l'Allemagne et lutte de prépondérance avec elle, lui impose même sa volonté, comme on l'a vu naguère, c'est la Russie. Donc, ces nations sont des antagonistes forcés et fatalement elles doivent se heurter un jour.

L'amitié des deux Empereurs peut retarder le moment, mais non arrêter la lutte obligée.

Toutes ces raisons mettent entre l'Angleterre et l'Allemagne une communauté d'intérêts : l'amoindrissement de la puissance Russe, qui doit en faire forcément des alliées.

La chancellerie allemande, dirigée par un homme habile qui sait prévoir les événements et s'y préparer, avait bien pensé, dès la paix avec la France, qu'un jour l'Empire d'Allemagne se trouverait en présence de la Russie et aurait à compter avec elle, lorsque cet Etat, revenu de la surprise causée à tous par la marche foudroyante des choses, reprendrait ses sens et une vue nette alors de la situation nouvelle sortie de la guerre franco-allemande; elle avait bien pensé qu'à ce moment elle aurait avec la Russie la France pour adversaire et, en prévision de cette éventualité, non pas probable, mais certaine, elle avait exigé la Lorraine et Metz avec l'idée secrète d'en faire un jour un appât pour la France, afin d'obtenir sa neutralité, le cas échéant.

Mais dans les événements futurs avec la Russie pour alliée, la France ne saurait être aussi facilement désintéressée. La cession de l'Alsace, même jointe à la Lorraine, ne pourrait suffire à la détacher de l'alliance Russe ; elle doit y persévérer jusqu'à la dernière heure et obtenir par elle la frontière rhénane, seule garantie contre un retour offensif de l'Allemagne.

Ainsi le veut la logique des intérêts qui finit toujours par s'imposer à la politique.

Et en effet si la France lutte :

Victorieuse, elle doit poursuivre sans merci jusqu'à la limite du possible les résultats du succès, et par suite aller au Rhin.

Battue, elle perdra de nouvelles provinces, la Champagne sans doute.

Si elle est neutre, elle donne plus de chances à l'Angleterre et l'Allemagne de triompher de la Russie, à l'Allemagne d'établir sa prépondérance définitive en Europe, et cette prépondérance établie, la France verrait bientôt l'empire d'Allemagne, pour n'avoir plus à compter à l'a-

venir avec elle, saisissant la première occasion,
l'attaquer à nouveau, lui arracher le pays qu'il
lui aurait cédé dans un moment de crise, et
même l'amoindrir encore.

Unie à la Russie, au cas improbable de revers
complets, la France ne courrait pas de plus
mauvais risques.

Donc, la France a beaucoup à perdre à une
neutralité, tout à gagner, au contraire, en suivant la Russie jusqu'au bout.

Sa voie est, par conséquent, nettement tracée
au milieu des événements à venir.

Sur l'échiquier européen, deux autres nations
peuvent aussi avoir un grand effet dans la partie engagée : l'Autriche, l'Italie. Il est donc oppor-
tun d'examiner au milieu de ces complications
leur attitude probable, inspirée par une appré-
ciation saine de leurs intérêts bien entendus.

L'Autriche, adversaire forcé de l'empire d'Allemagne qui, après l'avoir amoindrie, jetée hors
de l'Allemagne où elle exerçait une influence
séculaire, convoite aujourd'hui ses provinces al-
lemandes ; l'Autriche, dis-je, ne marchera qu'à
coup sûr.

Ayant tout à craindre de son voisin redouté, l'empire d'Allemagne, elle ne bougera, ne sortira de sa neutralité que poussée par des intérêts majeurs, et si la Russie sait faire la part de l'Autriche du côté des provinces Danubiennes, elle sera sûre d'entraîner cette puissance qui rêve, pressée par la Hongrie, maintenant prépondérante dans ses conseils, d'étendre sa domination sur le Danube, de s'agrandir de ce côté pour réparer ses pertes de territoire et d'influence vers l'Allemagne.

La Russie peut ainsi aisément attirer l'Autriche à elle, car seule elle est en mesure de lui laisser prendre des territoires vers le Danube et de lui en garantir la paisible possession.

Quant à l'Italie, elle n'a qu'un intérêt : la neutralité.

Elle est bien loin de l'Allemagne pour que cet empire puisse lui être utile, elle est trop près de la France et de l'Autriche pour n'avoir pas tout à craindre de les trouver parmi ses adversaires ; et puis, dans une partie engagée, il faut que la chance de gain puisse compenser le risque. Or, quel gain sérieux peut désirer l'Italie

faite maintenant, devenue un grand royaume.
Le risque serait la perte de son unité, sa dispa-
rition comme puissance compacte. Elle a mieux
à faire que de se mêler à cette lutte sans profit
pour elle, c’est pendant le conflit d’employer
toute son énergie à consolider sa situation inté-
rieure, à tout tenter alors pour se réconcilier
avec la papauté, se la rendre favorable; car,
l’Italie le sent bien, c’est là un grand pouvoir
moral, qu’il lui importe par dessus tout de ne
pas avoir comme ennemi.

Voilà, semble-t-il, le rôle des grandes puissances européennes dans les événements à
venir.

Ces événements, à beaucoup, paraissent loin
encore et ne devoir être redoutés que dans un
temps fort long. Il est juste de dire que la ma-
jorité des gouvernements fait des efforts louables
pour éloigner le plus possible ces redoutables
éventualités. Mais au milieu du désarroi, du
manque d’équilibre actuel, qui peut prédire à
coup sûr, et la chose la plus futile en apparence
peut être l’étincelle qui allume le feu.

Cette instabilité, cette vie au jour le jour, sans

sécurité pour le lendemain, jettent ainsi un ma-
laise général dont tout le monde se ressent ; et
malgré le besoin de paix, malgré qu'il soit cons-
tamment question d'elle, tous sentent que le
feu de la guerre couve sous cette paix appa-
rente.

Aussi, chacune des grandes puissances pré-
pare ses alliances, ses forces ; tout en protestant
de ses sentiments vrais de calme, de paix, elle
se tient prête à tout événement, et dépense en
armements la meilleure partie de son budget.

C'est donc la ruine ou la guerre à brève
échéance.

Et à moins, comme nous le disions en com-
mençant, qu'une de ces circonstances tout à fait
en dehors des prévisions humaines n'apporte
une solution heureuse venant dénouer les diffi-
cultés pendantes et remettre l'Europe dans un
équilibre stable ; la guerre doit éclater avec les
alliances indiquées, logiques.

Une chose, cependant, pourrait tout modifier,
c'est l'élection des Chambres françaises, si ces
élections amenaient au pouvoir des éléments
révolutionnaires effrayant l'Europe, il est certain

que les grands États, mettant au-dessus de tout le sentiment de la conservation, s'entendraient pour : « *écraser,* comme disait un haut personnage, *ce nid de guêpes, la France.* »

Que ce grand et beau pays, c'est un ami qui lui parle, n'oublie pas ces mots dits naguère par le représentant d'une puissante nation qui lui est sympathique : « *L'instabilité seule n'a pas d'alliances.* »

Paris. — Imp. Balitout, Questroy et C⁰, 7, rue Baillif.

PARIS

IMPRIMERIE BALITOUT, QUESTROY ET Cᵉ

7, RUE BAILLIF ET RUE DE VALOIS, 18.